BEI GRIN MACHT SIC
WISSEN BEZAHLT

Ringo Pietsch

Organisations- und Personalentwicklung nach einer Fusion gesetzlicher Krankenkassen

GRIN Verlag

Bibliografische Information der Deutschen Nationalbibliothek:

Die Deutsche Bibliothek verzeichnet diese Publikation in der Deutschen National-
bibliografie; detaillierte bibliografische Daten sind im Internet über http://dnb.d-
nb.de/ abrufbar.

Impressum:

Copyright © 2012 GRIN Verlag GmbH
Druck und Bindung: Books on Demand GmbH, Norderstedt Germany
ISBN: 978-3-656-28072-9

Dieses Buch bei GRIN:

http://www.grin.com/de/e-book/201978/organisations-und-personalentwicklung-
nach-einer-fusion-gesetzlicher-krankenkassen

GRIN - Your knowledge has value

Der GRIN Verlag publiziert seit 1998 wissenschaftliche Arbeiten von Studenten, Hochschullehrern und anderen Akademikern als eBook und gedrucktes Buch. Die Verlagswebsite www.grin.com ist die ideale Plattform zur Veröffentlichung von Hausarbeiten, Abschlussarbeiten, wissenschaftlichen Aufsätzen, Dissertationen und Fachbüchern.

Besuchen Sie uns im Internet:

http://www.grin.com/

http://www.facebook.com/grincom

http://www.twitter.com/grin_com

Verwaltungs- und Wirtschafts-Akademie
für den Regierungsbezirk Freiburg e.V.
Außenstelle Universität Konstanz
Fachbereich Betriebswirtschaftslehre

Sommersemester 2012

Organisations- und Personalentwicklung
nach einer Fusion gesetzlicher Krankenkassen

Ringo Pietsch
Radolfzell am Bodensee, Juni 2012

Inhaltsverzeichnis

Abkürzungsverzeichnis

Abb.	Abbildung
Abs.	Absatz
akt.	aktualisierte
Aufl.	Auflage
bearb.	bearbeitete
dt.	deutsche
durchg.	durchgesehene
erg.	ergänzte
erw.	erweiterte
f.	folgende
ff.	fortfolgende
frz.	französisch
GKV	Gesetzliche Krankenversicherung
gr.	griechisch
Hg.	Herausgeber
korr.	korrigierte
lat.	lateinisch
o. J.	ohne Jahr
RZ:	Randziffer
S.	Seite
Tab.	Tabelle
überarb.	überarbeitete
uwstl.	unwesentlich
URL:	Uniform Resource Locators ("Quellenanzeiger")
veränd.	veränderte
vgl.	vergleiche
vollk.	vollkommen
vollst.	vollständig
zit. n.	zitiert nach

1 Einleitung

Seit der Gesundheitsreform im Jahr 2007[1] ist das Thema "Fusion von gesetzlichen Krankenkassen" stets präsent in den Medien. Selten hat dabei ein Gesetz so epochal in das bestehende GKV-System eingegriffen. [2] Während frühere Reformen vor allem die Versichertengemeinschaft betrafen, revolutionierte man diesmal traditionelle Strukturen im Versicherungssektor und initiierte einen evidenten Systemwandel. Mit der Möglichkeit des kassenartenübergreifenden Zusammenschlusses einzelner gesetzlicher Krankenversicherungen wurde u. a. ein wesentliches Instrument geschaffen, von politischer Seite aus direkt auf den Wettbewerb zwischen den Krankenversicherern Einfluss zu nehmen.[3]

Die unmittelbaren Nachwirkungen der angesprochenen Reform dokumentierten zunächst einen zögerlichen Umdenkungsprozess im GKV-System. [4] Mit der Einführung des Gesundheitsfonds im Jahr 2009 begann jedoch eine beispiellose Fusionswelle[5] anzurollen, die bis heute nichts von ihrer Dynamik verloren hat.

Je größer dabei die Partnerkassen sind, desto medienwirksamer wird der Prozess des Zusammenschlusses verfolgt. Oftmals außer Acht gelassen werden dabei die kasseninternen Auswirkungen fusionsbedingter Strukturveränderungen. Mag das allgemeine Interesse nach einer vollzogenen Krankenkassenfusion größtenteils schwinden, so wächst doch die Aufmerksamkeit des Personals einer Krankenversicherung. Wer sich jedoch für den Betriebswandel innerhalb der GKV interessiert, sobald ein Zusammenschluss realisiert ist, stößt bei der Literaturrecherche sogleich an seine Grenzen. Versicherungsspezifische Aufsätze über die Organisations- und Personalentwicklung nach einer Fusion fanden bisher selten den Weg in die breite Öffentlichkeit. Die eigenen Untersuchungen gestalteten sich ebenfalls schwierig, da sich von fünf befragten Krankenkassen nur zwei

---

[1] vgl. Orlowski, U./Wasem, J., Gesundheitsreform 2007 (GKV-WSG), Heidelberg u. a., 2007, S. 1
[2] vgl. Visarius, J./Lehr, A., Krankenhauspolitische Chronik, in: Klauber, J. u. a. (Hg.), Krankenhaus-Report 2010, Stuttgart 2010, S. 275
[3] vgl. Orlowski, U./Wasem, J., Gesundheitsreform 2007 (GKV-WSG), Heidelberg u. a., 2007, S. 159
[4] vgl. Visarius, J./Lehr, A., Krankenhauspolitische Chronik, in: Klauber, J. u. a. (Hg.), Krankenhaus-Report 2010, Stuttgart 2010, S. 275
[5] vgl. Draemann, C., Weiterdenken – Die Zukunft der Direktkrankenkassen in Deutschland, in: Mühlbauer, B. H. u. a. (Hg.), Zukunftsperspektiven der Gesundheitswirtschaft, Berlin 2012, S. 305

bereiterklärten, wenigstens anonymisierte Angaben zum Themengebiet zu machen. Die empirische Datenerhebung hingegen verlief relativ einfach über einschlägige Quellen (wie z. B. das Bundesministerium für Gesundheit).

Die vorliegende Arbeit möchte ihren Teil zum Ausgleich des Informationsdefizits beitragen. Sie beschäftigt sich mit den signifikanten Auswirkungen, die durch einen Zusammenschluss von gesetzlichen Krankenversicherungen zu einer internen Neuordnung in der Systemstruktur und in der Belegschaft führen. Zu beantworten ist somit die Frage, ob Fusionen im GKV-System zu einer organisatorischen und personalen Modernisierung einer Krankenkasse beitragen oder ob sich fragile "Verwaltungsungetüme" formieren, in denen motivationslose Mitarbeiter[6] ausschließlich funktionieren.

Im Folgenden werden insbesondere die Fusionseffekte auf die interne Kassen-unternehmung selbst thematisiert. Hingegen werden die Konsequenzen daraus für die Versichertengemeinschaft und die mögliche Kostenentwicklung im GKV-System eher nebensächlich betrachtet. Die Entwicklung in der privaten Krankenversicherung (PKV) wurde zudem ganz ausgeklammert.

Der zweite Abschnitt verschafft zunächst eine Übersicht über die bundesdeutsche Gesundheitspolitik der Jahre 1992 bis 2008, die letztlich Hintergrund für die Fusionsproblematik gesetzlicher Krankenversicherungen ist.

Hauptgegenstand des dritten Abschnitts ist die Organisationsentwicklung nach einer Kassenfusion. Dazu erfolgen zuvor theoretische Grundlagen der organisatorischen Lehre, bevor dann die Restrukturierungsphase nach einer Kassenverschmelzung thematisiert wird.

Im vierten Abschnitt widmet sich die vorliegende Arbeit der Personalentwicklung nach einer Krankenkassenfusion. Anfangs erfolgen Substrate der Personalwirtschaft, um nachfolgend die prozessualen Entwicklungsschritte hin zu einer vereinten Personalstruktur nach einem Kassenzusammenschluss aufzuzeigen. Eine zentrale Frage beschäftigt sich dabei mit der Problematik von dualistischen Personalarten nach einer Fusion.

---

[6] Aus Gründen der einfachen Lesbarkeit wird im Folgenden stets die männliche Bezeichnung an-geführt. Ausdrücklich gilt jedoch gleichermaßen die weibliche Bezeichnung.

Im fünften Abschnitt werden alle Themen nochmals resümiert. Dabei erfolgt eine kritische Betrachtung der Aussagen von Kassenvertretern zur fusionsbedingten Organisations- und Personalentwicklung mit den in der Arbeit gewonnenen Erkenntnissen. Abschließend werden zukünftige Szenarien der GKV diskutiert.

2 Hintergrund der Fusionen im GKV-System

2.1 Die deutsche Gesundheitspolitik zwischen 1992 und 2008

Die Bundesrepublik Deutschland (BRD) und die Deutsche Demokratische Republik (DDR) wiesen Ende der Achtziger Jahre des letzten Jahrhunderts mehr oder weniger ökonomische Diskrepanzen auf. Während die erhöhte Ausgabenlast in der BRD zum "Gesetz zur Strukturreform im Gesundheitswesen (GRG)"[7] führte, drohte in der DDR eine gesundheitliche Unterversorgung aufgrund ihrer Mangelwirtschaft[8]. Mit der Sozialunion[9] zwischen beiden Staaten im Jahr 1990 verschmolzen zwei unterschiedliche Gesundheitssysteme miteinander, die fortan zunächst parallel nebeneinander und unter einem Ministerium agierten.

2.1.1 Wesentliche Gesundheitsreformen von 1992 bis 2004

Bereits zwei Jahre nach der Deutschen Wiedervereinigung wurde im Jahr 1992 der Grundstein für die zukünftige Ausrichtung der Gesundheitspolitik mit dem "Gesetz zur Sicherung und Strukturverbesserung der gesetzlichen Krankenversicherung (GSG)"[10] gelegt. Die Einführung des Risikostruktur-ausgleichs sollte den Unterschied in Einnahmen und Ausgaben der GKV kompensieren,[11] wobei dem Solidarsystem einmal mehr Bedeutung zukam.

---

[7] vgl. Bundesgesetzblatt Jahrgang 1988 Teil I Nr. 62, GRG, Bonn 1988, S. 2477ff.
[8] vgl. Müller, J. U., Gesunde Solidarität, solidarische Gesundheit: die Innungskrankenkassen gestern und heute, Bergisch Gladbach 2007, S. 167
[9] vgl. Bundesgesetzblatt Jahrgang 1990 Teil II Nr. 20, Vertrag über die Schaffung einer Währungs-, Wirtschafts- und Sozialunion zwischen der Bundesrepublik Deutschland und der Deutschen Demokratischen Republik (Staatsvertrag), Bonn 1990, S. 537ff.
[10] vgl. Bundesgesetzblatt Jahrgang 1992 Teil I Nr. 59, GSG, Bonn 1992, S. 2266ff.
[11] vgl. Pilz, F./Ortwein, H., Das politische System Deutschlands, 4., vollst. überarb. Aufl., München 2008, S. 282f.

Weiterhin wurde durch die Initiierung des Kassenwahlrechts der Wettbewerb im Versicherungssystem in höherem Maße ermöglicht. [12] Das GSG war de facto richtungsweisend für die folgenden Jahre bis zum Jahrtausendwechsel, da es sich indirekt mit dem starren Verwaltungsapparat gesetzlicher Krankenkassen und ihren teilweise unwirtschaftlichen Haushalten beschäftigte. Zugleich diente es dem Zusammenwachsen von BRD und DDR auf gesundheitspolitischer Ebene.

Die erste rot-grüne Regierungskoalition im Jahr 1998 führte diesen Prozess der Neugestaltung im gesamten Gesundheitswesen kontinuierlich weiter. Das "Gesetz zur Reform der gesetzlichen Krankenversicherung ab dem Jahr 2000 (GKVRefG 2000)" [13] war u. a. noch auf stabile Beitragssätze in der gesetzlichen Kranken- versicherung ausgerichtet. Aufgrund schlechter Konjunkturdaten aus der Wirtschaft und der damit verbundenen sinkenden Bruttolöhne realisierte man spätestens im Jahr 2002, dass die Ausgaben der Kassen schon bald deren Einnahmen übersteigen würden. [14] Immer häufiger drohten dem GKV-System defizitäre Haushalte, so dass politischer Handlungszwang bestand. Mit der "Agenda 2010" intensivierte Kanzler Schröder in seiner zweiten Legislaturperiode den Umbau des Sozialstaates und forcierte darin u. a. massive Einschnitte im Gesundheitssektor. [15] Verwirklichung fanden diese Vorschläge teilweise im späteren "Gesetz zur Modernisierung der gesetzlichen Krankenversicherung (GMG)" [16]. Diese Gesundheitsreform belastete einmal mehr die Versicherten- gemeinschaft „ ... durch das Streichen von Leistungen, höheren Zuzahlungen und ... die Einführung einer Praxisgebühr ...“ [17].

2.1.2 Gesundheitsreform 2007 und ihre Ergänzung 2008

Der Koalitionsvertrag zwischen den Bundesparteien der CDU, CSU und SPD forcierte die weitere Ausrichtung der bundesdeutschen Gesundheitspolitik.

---

[12] vgl. Potratz, A./Zerres, M., Kundenmanagement in Krankenkassen, in: Busse, R./Schreyögg, J./ Tiemann, O., Management im Gesundheitswesen, 2. Aufl., Berlin u. a. 2010, S. 155
[13] vgl. Bundesgesetzblatt Jahrgang 1999 Teil I Nr. 59, GKVRefG 2000, Bonn 1999, S. 2626ff.
[14] vgl. Müller, J. U., Gesunde Solidarität, solidarische Gesundheit: die Innungskrankenkassen gestern und heute, Bergisch Gladbach 2007, S. 184
[15] vgl. Pilz, F./Ortwein, H., Das politische System Deutschlands, 4., vollst. überarb. Aufl., München 2008, S. 253
[16] vgl. Bundesgesetzblatt Jahrgang 2003 Teil I Nr. 55, GMG, Bonn 2003, S. 2190ff.
[17] Arnade, J., Kostendruck und Standard, Berlin u. a. 2010, S. 23

7

Inhaltlich ging es der Großen Koalition unter anderem um eine effizientere Organisation der Kassen und um die Möglichkeit kassenartenübergreifender Fusionen. [18] Das Ziel war die Umgestaltung des Gesundheitssystems. Die Unionsparteien auf der einen und die Sozialdemokraten auf der anderen Seite hatten dabei konträre Vorstellungen. Während CDU und CSU die sogenannte "Kopfpauschale" favorisierten, warb die SPD für die sogenannte "Bürgerversicherung". [19] Beide Modelle unterschieden sich insbesondere in der Finanzierung der Kassenbeiträge.

Mit der "Kopfpauschale", offiziell als "solidarische Gesundheitsprämie" bezeichnet, sollte ein einkommensunabhängiger Beitrag zur Krankenkasse entrichtet werden, der, sofern er den einzelnen Beitragszahler unsozial belastet, steuerfinanziert bezuschusst werden kann. [20]

Bei der "Bürgerversicherung" ging es einerseits um die Zusammenführung der gesetzlichen und privaten Krankenversicherung und andererseits um die erweiterte Beitragsbemessung nach bisherigem Arbeitseinkommen zuzüglich anderer Einkunftsarten der Privathaushalte. [21]

Letztlich konnte sich jedoch keiner der beiden Parteientwürfe durchsetzen, so dass man sich auf die Errichtung eines "Gesundheitsfonds" einigte [22], der bis heute Gültigkeit besitzt. Er sieht vor, dass alle gesetzlich Versicherten denselben kassenunabhängigen Beitragssatz zahlen müssen, während die Krankenkassen Zuweisungen aus diesem Fonds erhalten. [23] Außerdem wurde der Risikostrukturausgleich neu verhandelt und richtet sich nunmehr nach der Morbidität der Versicherten (Morbi-RSA).

[18] vgl. CDU/CSU/SPD, Gemeinsam für Deutschland – mit Mut und Menschlichkeit, Koalitionsvertrag, Berlin 2005, S. 88, RZ: 4323, 4324
[19] vgl. Gerlinger, T., Gesundheitspolitik und Parteiwettbewerb: Konzeptionen zur Finanzierung der gesetzlichen Krankenversicherung, in: Schieren, S. (Hg.), Gesundheitspolitik, Schwalbach am Taunus 2011, S. 56
[20] vgl. ebenda
[21] vgl. ebenda, S. 59ff.
[22] vgl. Orlowski, U./Wasem, J., Gesundheitsreform 2007 (GKV-WSG), Heidelberg u. a. 2007, S. 2
[23] vgl. ebenda

Danach erhalten gesetzliche Krankenkassen einen höheren Zuschuss aus dem "Gesundheitsfonds", wenn sie Versichertengruppen mit häufigen Erkrankungen betreuen und sich dadurch wettbewerblich schwieriger aufstellen können.[24]

Weiterhin sind den Kassen seither - je nach Finanzlage - Beitragsrückerstattungen an ihre Mitglieder oder die Erhebung von Zusatzbeiträgen möglich.[25]

Festgeschrieben wurden diese Kompromisse der Großen Koalition schließlich im Jahr 2007 im "Gesetz zur Stärkung des Wettbewerbs in der gesetzlichen Krankenversicherung (GKV-WSG)"[26]. Fast schon subversiv verständigten sich die Regierungsparteien darin außerdem auf die Einführung des § 171 a SGB V (kassenartenübergreifende Fusionen) und die Vorabregelung zum § 171 b SGB V (angestrebte Insolvenzfähigkeit aller Kassen).[27] Letztere wurde schließlich im Jahr 2008 im "Gesetz zur Weiterentwicklung der Organisationsstrukturen in der gesetzlichen Krankenversicherung (GKV-OrgWG)" auch auf die landesweit agierenden und somit auf alle gesetzlichen Krankenkassen ausgeweitet.[28]

2.2 Die Fusionen gesetzlicher Krankenkassen

Aufgrund der früheren Gesundheitspolitik bildete sich eine konträre Mitgliederstatistik. Bis zur Einführung des Einheitsbeitragssatzes [29] war die Kassenlandschaft geprägt von unterschiedlichen Beitragssätzen. Je nach Höhe erlebten die gesetzlichen Krankenversicherungen einen Mitgliederaufschwung und andere einen Mitgliederschwund, wozu teilweise wettbewerbsverzerrende Strategien beigetragen haben (z. B. Kreditaufnahmen der Kassen zur künstlichen Erhaltung niedriger Sätze).[30]

---

[24] vgl. Porter, M. E./Guth, C., Chancen für das deutsche Gesundheitssystem, Berlin u. a. 2012, S. 104

[25] vgl. Müller, J. U., Gesunde Solidarität, solidarische Gesundheit: die Innungskrankenkassen gestern und heute, Bergisch Gladbach 2007, S. 188

[26] vgl. Bundesgesetzblatt Jahrgang 2007 Teil I Nr. 11, GKV-WSG, Bonn 2007, S. 378ff.

[27] vgl. ebenda, S. 416f.

[28] vgl. Bundesgesetzblatt Jahrgang 2008 Teil I Nr. 58, GKV-OrgWG, Bonn 2008, S. 2430ff.

[29] vgl. Bundesgesetzblatt Jahrgang 2007 Teil I Nr. 11, GKV-WSG, Bonn 2007, S. 424, RZ: 159

[30] vgl. Hinrichs, U./Nowak, D., Auf dem Rücken der Patienten: Selbstbedienungsladen Gesundheitssystem, 1. Aufl., Berlin 2005, S. 16, zit. n. Seehofer, H.

In der Folge verschuldeten sich einige Versicherer erheblich.[31] Einerseits führte der Mitgliederzugewinn nicht nur zu einem Mehr an Beitragseinnahmen, sondern auch zu einem Mehr an Leistungsausgaben. Andererseits begründeten sich hierdurch analoge Auswirkungen auf weitere Krankenversicherungen. Sie schrumpften aufgrund der Mitgliederverluste zu finanzrisikoreichen Kleinkassen.

Seit dem Inkrafttreten des GKV-WSG müssen alle gesetzlichen Krankenversicherungen ihre Haushalte konsolidieren. Zur Verhinderung von Haushaltsdefiziten stehen ihnen u. a. die bereits genannten Mittel Morbi-RSA und Zusatzbeiträge zur Verfügung. Sofern auch dadurch keine Finanzstabilität erreicht werden kann, bleibt neben einer möglichen Insolvenz vor allem die Fusion mit einer anderen Krankenkasse.

2.2.1 Begriffsdefinition der Fusion, ihre Ursachen und Ziele

Der Zusammenschluss einzelner Unternehmungen ist die absolute Verschmelzung zu einem Wirtschaftsgebilde.[32] Was hier kurz unter "Fusion" resümiert wurde, hat weitreichende Folgen für eine gesetzliche Krankenkasse. Jung definiert den Begriff in seiner Gesamtheit folgendermaßen:

> „Die Fusion (Verschmelzung) ist der vollständige Zusammenschluss mehrerer Unternehmen mit dem Verlust der wirtschaftlichen und rechtlichen Selbstständigkeit (bei mindestens einem der beteiligten Unternehmen). Nach einer Fusion bilden alle am Zusammenschluss beteiligten Unternehmen eine rechtliche Einheit."[33]

Man spricht auch von einer Marktkonzentration von mindestens zwei Wirtschaftseinheiten, die sich zum Zwecke der Expansion zusammenschließen.[34]

---

[31] vgl. Hinrichs, U./Nowak, D., Auf dem Rücken der Patienten: Selbstbedienungsladen Gesundheitssystem, 1. Aufl., Berlin 2005, S. 11
[32] Witte, H., Allgemeine Betriebswirtschaftslehre, 2., völlig überarb. Aufl., München u. a. 2007, S. 248
[33] Jung, H., Allgemeine Betriebswirtschaftslehre, 10., überarb. Aufl., München u. a. 2006, S. 153
[34] vgl. Rosenbaum, M., Studienliteratur Geprüfter Versicherungsfachwirt (IHK), Geprüfte Versicherungsfachwirtin (IHK), 3. Aufl., Karlsruhe 2006, S. 345

Dabei ist das neuere GKV-System nicht ausschließlich darauf ausgerichtet, nur im Falle einer Verschuldung einen zahlungskräftigen Partner zu suchen. Auch strategische Belange bei der Positionierung am Markt können zu Fusionsverhandlungen zwischen den gesetzlichen Krankenversicherungen führen.

Die Ursachen für einen Kassenzusammenschluss sind also vielfältig. Sie leiten sich ab von den individuellen Zukunftserwartungen und darüberhinaus auch von Faktoren, die das wirtschaftliche Überleben sichern sollen.

Krankenkassen erwarten bei einem gegenseitigen Zusammenschluss die Erreichung von signifikanten Zielen. In allererster Linie soll die Unternehmung dabei nach außen und nach innen Wachstum verzeichnen.[35] Pilz/Ortwein deklarieren als wesentliche Zielvorgaben einer Fusion vor allem die gemeinschaftlichen Faktoren der Kosteneinsparung und Schuldenregulierung sowie den Vorteil, der sich aus Skaleneffekten ergibt.[36] Jung beschreibt die Bestrebungen der Betriebe eher pragmatisch und sieht in Unternehmenszusammenschlüssen hauptsächlich mehr Machtgewinn im Wirtschaftssystem und eine steigende Kreditwürdigkeit.[37]

Der Bundesrechnungshof wertete unlängst empirische Daten über Zusammenschlüsse von Kassen aus.[38] Überblickend kann man für die gesetzlichen Krankenversicherer hiernach konstatieren, dass das primäre Ziel einer Fusion vordergründig im Wachstum des Mitgliederbestands zu sehen ist.[39] Sekundär soll der Zusammenschluss die Leistungs- und Verwaltungskosten senken und die Wettbewerbschancen erhöhen.[40]

---

[35] vgl. Farny, D., Versicherungsbetriebslehre, 5., überarb. Aufl., Karlsruhe 2011, S. 255
[36] vgl. Pilz, F./Ortwein, H., Das politische System Deutschlands, 4., vollst. überarb. Aufl., München 2008, S. 290
[37] vgl. Jung, H., Allgemeine Betriebswirtschaftslehre, 10., überarb. Aufl., München u. a. 2006, S. 154
[38] vgl. Bundesrechnungshof, Bemerkungen 2011 zur Haushalts- und Wirtschaftsführung des Bundes, Bonn 2011, S. 51
[39] vgl. ebenda
[40] vgl. ebenda

2.2.2   Statistischer Überblick der Kassenfusionen

Die Anzahl der Krankenkassen hat sich in den vergangenen Jahrzehnten drastisch verringert. Waren es 1960 noch über zweitausend Kassen in der Bundesrepublik Deutschland, so hat sich ihre Zahl bis zum Jahrtausendwechsel auf unter fünfhundert reduziert.[41] Die folgende Abbildung 1 verdeutlicht das.

Abb. 1: Anzahl gesetzlicher Krankenkassen im Zeitablauf

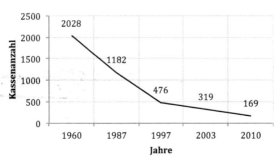

Quelle: Eigene Darstellung, nach: Porter, M. E./Guth, C., Chancen für das
deutsche Gesundheitssystem, Berlin u. a. 2012, S. 71, Tabelle 2

Im Hinblick auf die Möglichkeit kassenartenübergreifender Fusionen nach dem GKV-Wettbewerbsstärkungsgesetz haben zahlreiche Zusammenschlüsse gesetzlicher Versicherungen zur weiteren Reduktion ihrer Anzahl beigetragen. Zu Beginn des Jahres 2012 existierten deutschlandweit exakt 146 Krankenkassen.[42] Betrachtet man nochmals die Abbildung 1, dann hat sich die Kassenanzahl ausgehend vom Jahr 2010 binnen weiterer zwei Jahre deutlich dezimiert. Damit kommt das GKV-System den Zielvorstellungen der ehemaligen Bundesgesundheitsministerin Ulla Schmidt von maximal dreißig bis fünfzig Krankenkassen immer näher.[43] Die folgende Tabelle 1 gibt einen Überblick über die wichtigsten Fusionen seit 2009. Sie zeigt ebenso eine politisch gewollte Tendenz zu kassenartenübergreifenden Fusionen.

---

[41] vgl. Porter, M. E./Guth, C., Chancen für das deutsche Gesundheitssystem, Berlin u. a. 2012,
    S. 71
[42] vgl. Bundesministerium für Gesundheit, Bedeutung der Gesundheitswirtschaft, Berlin 2012,
    URL: http://www.bmg.bund.de/gesundheitssystem/gesundheitswirtschaft/
    bedeutung-der-gesundheitswirtschaft.html, Stand: 22.05.2012
[43] vgl. Fricke, A., Kommentar: Ulla Schmidt ist fast am Ziel, in: Ärzte Zeitung, Offenbach 2012,
    URL: http://www.aerztezeitung.de/politik_gesellschaft/krankenkassen/article/800614/
    kommentar-ulla-schmidt-fast-ziel.html, Stand: 22.05.2012

Tab. 1: Wichtige Kassenfusionen zwischen 01/2009 und 03/2012

Datum	Name der neuen Krankenkasse	Fusionspartner
01.01.09	Techniker Krankenkasse	Techniker Krankenkasse, IKK-direkt
01.02.09	Signal Iduna IKK	Signal Iduna BKK, Vereinigte IKK
01.04.09	AOK Sachsen Anhalt	AOK Sachsen Anhalt, BKK Sachsen Anhalt
01.01.10	Barmer GEK	Barmer Ersatzkasse, Gmünder Ersatzkasse (GEK)
01.01.10	IKK classic	IKK Baden-Württemberg und Hessen, IKK Sachsen, IKK Thüringen, IKK Hamburg
01.04.10	AOK - Die Gesundheitskasse für Niedersachsen	AOK Niedersachsen, IKK Niedersachsen
01.10.10	AOK Nordwest	AOK Westfalen-Lippe, AOK Schleswig-Holstein
01.01.11	AOK Nordost	AOK Berlin-Brandenburg, AOK Mecklenburg-Vorpommern
01.08.11	IKK classic	IKK classic, Vereinigte IKK
01.01.12	DAK-Gesundheit	DAK, BKK Gesundheit, BKK AXEL SPRINGER
01.03.12	AOK Rheinland-Pfalz/Saarland	AOK Rheinland-Pfalz, AOK Saarland

Quelle: modifiziert, nach: Euro-Informationen (GbR), Dokumentation
der Krankenkassen-Fusion seit Oktober 2008, Berlin 2012, URL:
http://www.krankenkassen.de/gesetzliche-krankenkassen/
system-gesetzliche-krankenversicherung/fusionen/, Stand: 15.05.2012

3 Organisationsentwicklung

3.1 Grundlagen der Organisationslehre

Gesetzliche Krankenversicherungen sind Personenkörperschaften, und als solche
sind sie rechtsfähige Verwaltungen mit öffentlich-rechtlichen Ermächtigungen.[44]
Trotz ihrer hoheitlichen Aufgaben sind Krankenkassen auch Wirtschaftseinheiten.

---

[44] vgl. Suckow, H./Weidemann, H., Allgemeines Verwaltungsrecht und Verwaltungsrechtschutz,
15., überarb. Aufl., Stuttgart 2008, S. 4f.

Sie müssen „ ... bei der Durchführung ihrer Aufgaben und in ihren Verwaltungs-
angelegenheiten sparsam und wirtschaftlich ... verfahren ...“[45], wozu auch eine
effiziente Unternehmensstruktur gehört. Um die Organisationsentwicklung von
Fusionskassen besser nachvollziehen zu können, geben die folgenden drei
Abschnitte zunächst einen allgemeinen Überblick über die Organisationslehre.

3.1.1 Begriff der Organisation

Die Etymologie[46] versteht unter dem Begriff *Organisation*, das sich von dem
Wort *organisieren* (gr. órganon, lat. organum, frz. organe[47]) herleiten lässt,
„Einrichtung ..., Gestaltung der Möglichkeit sachgemäßen Handelns, Zusammenschluss von Personen ...“[48] und meint damit nichts anderes, als einen Bund
gemeinschaftlichen Tuns. Ebenso breitgefächert beschreibt die Wissenschaft die
substantielle Wortbedeutung von Organisation. Der berühmte Wirtschafts-
wissenschaftler *Erwin Grochla*[49] formulierte sie „ ... als künstliche offene
Mensch-Maschine-Systeme ..., deren Elemente sowohl Menschen als auch
maschinelle Sachmittel sein können“[50]. Eine weitere Sichtweise liefern
Laux/Liermann in folgender Definition:

> „Der Begriff „Organisation“ bezeichnet sowohl die Tätigkeit der
> zielorientierten Steuerung der Aktivitäten in einem sozialen
> System mit mehreren Mitgliedern (funktionaler
> Organisationsbegriff) als auch das soziale Gebilde selbst
> (institutionaler Organisationsbegriff).“[51]

Die moderne Argumentation wird durch die Einbeziehung der Soziologie[52]
deutlich. Der Mensch, ob als Individuum oder in der Gemeinschaft, steht im

---

[45] § 4 Abs. 4 SGB V
[46] „Wissenschaft von der Herkunft, Geschichte u. Grundbedeutung eines Wortes“, Duden Band 5,
Das Fremdwörterbuch, 3., völlig neu bearb. u. erw. Aufl., Mannheim u. a. 1974, S. 220
[47] vgl. Köbler, G., Etymologisches Rechtswörterbuch, Tübingen 1995, S. 294f.
[48] vgl. ebenda
[49] Prof. Dr. Erwin Grochla (1921-1986) ist bekannt für seine wissenschaftlichen Arbeiten zur
Organisation und Datenverarbeitung, vgl. Freie Universität Berlin, Ehrenpromotion, Berlin o. J.,
URL: http://www.wiwiss.fu-berlin.de/fachbereich/ehrenpromotionen/grochla.html, Stand:
15.05.2012
[50] Grochla, E. (Hg.), Unternehmensorganisation (Reader + Abstracts), Hamburg 1972, S.10
[51] Laux, H./Liermann, F., Grundlagen der Organisation, 6. Aufl., Berlin 2005, S. 1f.
[52] „Wissenschaft, die sich mit dem Ursprung der Entwicklung u. der Struktur der menschlichen
Gesellschaft befasst“, Duden Band 5, Das Fremdwörterbuch, 3., völlig neu bearb. u. erw. Aufl.,
Mannheim u. a. 1974, S. 681,

Mittelpunkt. Seine Bedürfnisse an die Organisationsstruktur sollen harmonieren mit dem Wunsch der Unternehmensleitung nach zufriedenem - und somit produktiverem - Personal.

3.1.2 Ziel der Organisation

In der Betriebswirtschaftslehre kennt man diverse Ziele einer Organisation. Eine einheitliche Aussage lässt sich daher nicht konstatieren. Abstrakt erscheint die folgende Erklärung, wonach man in Zielen einer Organisation die „ ... Überwindung von Knappheit durch Arbeitsteilung und Koordination"[53] sehen kann. Eine differenziertere Formulierung aus der Wirtschaftsliteratur besagt, dass ein bestmögliches Ergebnis erreicht wird, in dem man einer systematischen und anpassungsfähigen Zielsetzung folgen muss, um eine effiziente Organisation errichten zu können.[54] Die Adaption ist dabei ein wesentliches Instrument, auf veränderliche Prozesse in der Unternehmenssphäre adäquat und wirtschaftlich zu reagieren.

3.1.3 Aufbau- und Ablauforganisation

Eng verbunden mit den Zielerreichungsgraten der Unternehmungen sind eindeutig definierte Organisationsstrukturen. Diese zeichnen sich aus durch die systemorientierte Zuweisung von Zuständigkeiten, die unmissverständliche Verteilung von Kompetenzen und den verantwortlichen Umgang mit beiden Komponenten.[55] Je klarer die Strukturierung, desto genauer können die Handeln-den der gleichen Zielführung folgen. Die Wirtschaftswissenschaft versucht sich bei der begrifflichen Abgrenzung der Organisationsstruktur sowohl in voneinander getrennten als auch voneinander abhängigen Definitionen. Standardisiert forciert sie aber allgemeingültig das Zusammenwirken von Aufbauorganisation und Ablauforganisation zu einem Ganzen.

---

[53] Sjurts, I. (Hg.), Gabler Lexikon Medienwirtschaft, 2., akt. u. erw. Aufl., Wiesbaden 2011, S. 459
[54] vgl. Jung, H., Allgemeine Betriebswirtschaftslehre, 10., überarb. Aufl., München u. a. 2006, S. 258, zit. n. Nagel, K., Die sechs Erfolgsfaktoren des Unternehmens, 4., überarb. u. erw. Aufl., Landsberg/Lech 1991, S. 115
[55] vgl. Kerzner, H., Projektmanagement, 2. dt. Aufl., Heidelberg 2008, S. 102

15

„Durch die Aufbauorganisation wird ein grober Rahmen abgesteckt, der die Tätigkeiten der Organisationsmitglieder in bestimmte Bahnen lenken soll. ... Eine detaillierte Strukturierung dieser Prozesse erfolgt im Rahmen der Ablaufplanung. Dabei werden die ablauforganisatorischen Regelungen von Hierarchieebene zu Hierarchieebene immer detaillierter ausgearbeitet und dabei die Entscheidungsspielräume der nachgeordneten Entscheidungsträger schrittweise eingeengt."[56]

Es ist daher festzuhalten, dass sich durch Kooperation zwischen der Aufbauorganisation und der Ablauforganisation eine fähige Struktur in der Organisation der Unternehmung begründet. Streng genommen könnte man noch weiter gehen und die Hypothese verfolgen, dass die eine nicht ohne die andere funktioniert. So argumentiert, ist es nicht sinnvoll, eine der beiden Komponenten erstrangig[57] oder insgesamt wichtiger zu betrachten, da sie in Gemeinschaft eine zentrale Rolle beim strukturellem Aufbau einer Organisation einnehmen.

Die Aufbauorganisation impliziert Richtlinien über Aufgaben und Kompetenzen von Führungskräften, die eine Unternehmensleitung für eine langanhaltende Zeitperiode regelt.[58] Daraus folgt der betriebswirtschaftliche Wille nach Stabilität in den Strukturen. Abbildung 2 verdeutlicht dies.

Abb. 2: Vorgehen zur Bildung der Aufbauorganisation

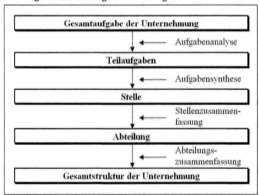

Quelle: Jung, H., Allgemeine Betriebswirtschaftslehre, 10., überarb. Aufl., München u. a. 2006, S. 266, Abb. 75

---

[56] Laux, H./Liermann, F., Grundlagen der Organisation, 6. Aufl., Berlin 2005, S. 180f.
[57] vgl. ebenda, S. 181
[58] vgl. ebenda

Die Betriebswirtschaftslehre kennt dabei individuelle Organisationsformen, die sich in Ein- und Mehrliniensystemen unterscheiden, während diese sich wiederum nach Verrichtungen oder nach Objekten auf der zweiten Stufe gliedern.[59] Die vorliegende Arbeit beschäftigt sich später im Abschnitt 4.1.3 (Strukturen der Personalwirtschaft) ausführlicher mit dieser Problematik.

Die Ablauforganisation ist nicht auf Dauer ausgerichtet oder in der Unternehmensstruktur unabwendbar gefestigt. Sie beschäftigt sich „ ... mit der kurz- und mittelfristigen räumlichen, zeitlichen sowie sachlichen Strukturierung von Arbeits- und Bewegungsvorgängen (Prozessen)". [60] Ausgehend von der Aufbauorganisation „ ... werden im Rahmen der Ablaufplanung die konkreten Verrichtungs- und Entscheidungsprozesse den sich ständig ändernden Bedingungen angepaßt"[61]. Die Planungen erfolgen also in weitaus kürzeren Zeitabschnitten und erfahren eine Dynamisierung. Das heißt, die Unternehmung kann flexibel auf die Veränderungen der betrieblichen Umwelt reagieren, Ziele neu ausrichten, planen und letztlich umsetzen.

Abb. 3: Ablauforganisation

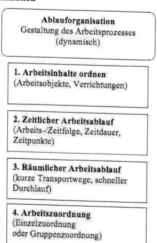

Quelle: Zell, H., Die Grundlagen der Organisation [Elektronische Ressource]: Lernen und Lehren, Norderstedt 2011, S. 62, Abb. 4-2

---

[59] vgl. Fiedler, R., Organisation kompakt, 2., akt. u. verb. Aufl., München 2010, S. 33

[60] Domschke, W./Scholl, A., Grundlagen der Betriebswirtschaftslehre, 3. Aufl., Berlin u. a. 2005, S. 360

[61] Laux, H./Liermann, F., Grundlagen der Organisation, 6. Aufl., Berlin 2005, S. 181

Die Abbildung 3 veranschaulicht typische Verläufe einer Ablauforganisation.

Um die Erwartungen an bestimmte Zielsetzungen erfüllen zu können, bedienen sich die Unternehmungen diverser Konzepte zur Darstellung von Ablauforganisationen. Neben dem Netzplan (z. B. Projektplanung, -steuerung)[62] seien exemplarisch noch zwei weitere grafische Modelle genannt: das Balkendiagramm (z. B. zur Veranschaulichung eines Personaleinsatzplanes)[63] und das Funktionendiagramm (z. B. zur Darstellung der Aufgaben einzelner Stelleninhaber)[64].

Betrachtet man sowohl Aufbau- als auch Ablauforganisation in ihrer Gesamtheit, dann bleibt festzuhalten, dass die Unterteilung der Organisation in Aufbau und Ablauf nur dem Zweck einer rubrizierten Übersicht dient. Einzelne Wesensmerkmale überschneiden sich, andere werden konkretisiert. Die Abhängigkeit voneinander bleibt maßgeblich. Sie repräsentiert aus Sicht der Unternehmer einen wirtschaftlichen Weitblick.

3.2 Organisationsentwicklung von Krankenkassen nach einer Fusion

Die Organisationsentwicklung einer gesetzlichen Krankenversicherung nach ihrer Fusion erfordert von der obersten Führungsebene (Vorstand und Verwaltungsrat) ökonomischen Sachverstand bei der Aufbaugestaltung des Mehrliniensystems. Gleichermaßen sind alle weiteren Führungsränge aufgerufen, das Personal auf die veränderlichen Prozesse der neuen Kasse einzustimmen.

3.2.1 Begriff der Organisationsentwicklung

Strukturelle Umgestaltungen von Fusionskassen lassen sich über eine genauere Begriffsbestimmung der Organisationsentwicklung erklären. Man kann hierunter

---

[62] vgl. Messi, N./Pifko, C., Personalarbeit im Unternehmen, 4., überarb. Aufl., Zürich 2010, S. 20
[63] vgl. ebenda, S. 69, Abb. 6-12
[64] vgl. Hüttner, M./Heuer, K. R., Betriebswirtschaftslehre, 3. Aufl., München 2004, S. 187, Abb. 12-1 (nach OECHSLER 2000, S. 173)

u. a. „,... einen gezielten, geplanten und gelenkten Veränderungsprozess ..."[65] verstehen, wobei eine Start-Ziel-Vorgabe[66] für erforderlich gehalten wird. Eine andere Definition erweitert diese Gedanken folgendermaßen:

> „Organisationsentwicklung kann ... als ein langfristig angelegter, umfassender Entwicklungs- und Veränderungsprozess von Organisationen und den in ihnen tätigen Menschen betrachtet werden. Der Prozess beruht auf dem Lernen aller Betroffenen durch die direkte Mitwirkung und praktische Erfahrung. ..."[67]

Flexible Formen der Kassenorganisation, eine stets moderne Technisierung der Arbeitsmittel und die Lernbereitschaft auf allen Mitarbeiterebenen reflektieren dabei den Charakter der Organisationsentwicklung. Nicht ad hoc, dafür aber wachsend und konstruktiv soll sich die fusionsbedingte Restrukturierung einer gesetzlichen Krankenversicherung zeigen. Als Garant für diese Neuordnung gilt u. a. der stetige Kontrollmechanismus in Form des betrieblichen Alltags innerhalb der Versicherungsorganisation. Hierzu gehört auch ein Informationsinteresse der Führungsebenen, wie sich Ist und Soll an der Basis gestalten. Stets aktualisierte Daten sichern eine gemeinschaftliche Unternehmensorganisation und verhindern ein strengbegrenztes Nebeneinander der obersten und untersten Kassenebene.

3.2.2 Ursachen, Ziele und Methoden der Organisationsentwicklung

Jedes Bedürfnis nach Reorganisierung braucht aber zunächst einen Motivator. Die Organisationsentwicklung kennt dabei externe und interne Ursachen für einen veränderlichen Prozess. [68] Unter externen Anforderungen versteht sie exemplarisch politische Einflüsse und technologische Neuerungen. [69] Interne Erfordernisse sind etwa strukturelle und kulturelle Reformen, wie z. B. die Umorganisation träger Konstrukte und die Verbesserung der Arbeitsatmosphäre.[70] Die vorliegende Arbeit beschäftigt sich dabei überwiegend mit den Folgen

---

[65] Rosenthal, T./Wagner, E., Organisationsentwicklung und Projektmanagement im Gesundheitswesen, Heidelberg 2004, S. 19
[66] vgl. ebenda
[67] Jung, H., Allgemeine Betriebswirtschaftslehre, 10., überarb. Aufl., München u. a. 2006, S. 294
[68] vgl. Rosenthal, T./Wagner, E., Organisationsentwicklung und Projektmanagement im Gesundheitswesen, Heidelberg 2004, S. 10
[69] vgl. ebenda, S. 10f.
[70] vgl. ebenda, S. 11f.

äußerlicher Einwirkungen auf das System gesetzlicher Krankenkassen. So bleibt festzuhalten, dass der politische Wille Ursache vermehrter Fusionen im Sozialversicherungssektor ist. Durch eine angestrebte Reduzierung der Kassenanzahl und der damit verbundenen Hoffnung, Verwaltungsausgaben zu senken, sollen Kosteneinsparungen im Gesundheitswesen erreicht werden.[71] Dies motiviert gesetzliche Krankenkassen fast zwangsläufig zu einem Strukturwandel nach dem Zusammenschluss.

Die Organe der gesetzlichen Krankenversicherung verfolgen dabei hauptsächlich individuelle und institutionelle Ziele bei der Organisationsentwicklung.[72] Auf der einen Seite steht der einzelne Kassenmitarbeiter als Individuum im Betrieb, der u. a. adäquate Arbeitskonditionen benötigt und die Möglichkeit haben soll, die Unternehmensziele weniger passiv denn aktiv mitzugestalten.[73] Auf der anderen Seite stehen die Prozesse innerhalb der Kassenorganisation als Institution, wobei die Führungsebene vor allem auf die Optimierung der Leistungen der Arbeitsträger achtet und die Bereitschaft fordert, anpassungsfähig, betriebliche Modifizierungen mitzutragen.[74]

Die Herausforderungen an die Fusionskasse im Hinblick auf eine zielgerichtete Entwicklung der Organisation sind also enorm. Unter betriebswirtschaftlichen Aspekten sind dabei mögliche Zentralisierungen von Arbeitsbereichen zu prüfen. Dabei muss abgewogen werden, ob durch Schließung von regionalen Geschäftsstellen noch ein flächendeckendes Netz an Anlaufstellen für die Versicherten gewährleistet wird. Zudem sollte im Hinblick auf die Mitarbeiterschaft der GKV zumutbare Flexibilität und Mobilität eruiert werden. Ziel aller ist und muss es sein, die fusionierte Kasse den veränderten Marktbedingungen anzupassen. Gerade in der inneren Organisation kann sie Voraussetzungen dafür schaffen, dass der äußerliche Eindruck von einer gesetzlichen Krankenversicherung, so wie er sich individuell für die Allgemeinheit darstellt, wettbewerbsfördernd wirkt.

---

[71] vgl. Pilz, F./Ortwein, H., Das politische System Deutschlands, 4., vollst. überarb. Aufl., München 2008, S. 290
[72] vgl. Rosenthal, T./Wagner, E., Organisationsentwicklung und Projektmanagement im Gesundheitswesen, Heidelberg 2004, S. 17
[73] vgl. ebenda
[74] vgl. ebenda

Polymorphe Methoden aus der Wirtschaftswissenschaft helfen indes, die Entwicklung der Organisation voranzutreiben. Dabei soll speziell der Mensch in seiner Unternehmensumwelt, sein eigenes soziales Verhalten und das gegenüber anderen, Teil der Betrachtung sein. Wesentliche Praxisbeispiele sind die Teamentwicklung, die Prozessberatung und die Survey-Feedback-Methode.[75] Bei allen drei genannten Modellen wird die Kommunikation zwischen den Agierenden der Unternehmung als wichtigstes Instrument evaluiert (z. B. Gruppendiskussionen zur Feinabstimmung und zur Problemlösung).

3.2.3 Drei-Phasen-Modell nach Kurt Lewin

Der eigentliche Prozess der Organisationsentwicklung nach einer Krankenkassenfusion vollzieht sich, wie anfangs erörtert, nicht von heute auf morgen, sondern nimmt oftmals Monate und Jahre in Anspruch. Allgemein bekannt ist hier u. a. das Drei-Phasen-Modell des berühmten Sozialwissenschaftlers *Kurt Lewin*[76] aus dem Jahr 1946, das sich an die prozessuale Entwicklung einer Organisation anlehnt. Sein Paradigma wurde inzwischen mehrfach interpretiert und erweitert und soll nur eines von mehreren Beispielen darstellen.

> „ ... Unfreezing, Movement, Refreezing. Die im Hintergrund dieser Einteilung stehende Metapher des Übergangs von Eis zu Wasser und dann wieder von Wasser zu Eis beschreibt sehr eindrücklich die Übergänge von verfestigten (kognitiven und betrieblichen) Strukturen hin zu aufgelösten Zuständen in einer Phase der Destrukturierung, die dann über geeignete Interventionen wiederum in einen Zustand der verfestigten Restrukturierung versetzt werden.“[77]

Betrachtet man den Ansatz von Lewin aus Sicht einer Fusionskasse, dann werden zunächst alte Verhaltensmuster und Gewohnheiten, aber auch starre Organisationsformen aufgebrochen. Routinierte Arbeiten und veraltete Sichtweisen erfahren eine kritische Auseinandersetzung (Unfreezing). Durch

---

[75] vgl. Nerdinger, F. W./Blickle, G./Schaper, N., Arbeits- und Organisationspsychologie, 2. Aufl., Berlin u.a. 2011, S. 153

[76] Kurt Lewin (1890-1947) gilt als einer der Wegbereiter für die Sozialpsychologie, vgl. Kirchler, E. (Hg.), Arbeits- und Organisationspsychologie, 2., korr. Aufl., Wien 2008, S. 38ff.,

[77] Bornewasser, M., Organisationsdiagnostik und Organisationsentwicklung, Stuttgart 2009, S. 168

Fusionen verschiedener Krankenversicherungen eröffnet sich dabei die größte Problematik. Historische Entwicklungen aller gesetzlichen Krankenkassen schufen ein jahrzehntelanges Leitbild. Hierauf bauten folgeorganisatorische Maßnahmen auf und kreierten das öffentliche Bild einer individuellen Krankenkasse. Der Zusammenschluss bedeutet demnach einen direkten Einschnitt in das Systemverhalten der Fusionspartner. Unwirtschaftliche Bereiche, unnötige Stellenbesetzungen, zeitaufwendige Arbeitsprozesse und destruktives Marktverhalten müssen auf dem Prüfstand. Doch auch betriebliche Innovationen, straffere Verwaltungsapparate, Versichertenbindungen und sonstige Marktstärken sollen sondiert werden. Man kann es folgendermaßen auf dem Punkt bringen: Das Beste von allen Fusionspartnern soll die neue Unternehmung wettbewerbsfähig machen. Dies sind Aufgaben des gewählten Vorstands einer fusionierten Kasse.

Im zweiten Schritt nach Lewin sollen die Betroffenen der Unternehmung Ideen für einen Wandel diskutieren und offen für eine Neuausrichtung der Betriebsorganisation sein. Von den unterschiedlichen Mitarbeiterebenen wird gefordert, dass sie sich in das neue Gefüge integrieren (Movement). Der gestalterische Prozess beginnt bereits vor einer Destrukturierung der sich zusammenschließenden Krankenkassen, damit sie in jeder Phase ihren Pflichten aus dem Sozialgesetzbuch[78] nachkommen können. Die neue Kasse hat nun die Aufgabe, die Gesamtorganisation aus vielen kleineren Teilorganisationen zu bilden. Wie in Abschnitt 3.1.3 dargelegt, ist dies ein längerer Prozess und bedeutet für alle Mitarbeiterebenen zunächst Kompetenzgerangel, unklare Unternehmensstrukturen und Unsicherheiten über die eigene berufliche Zukunft. Eine klare Aufbau- und Ablauforganisation schafft daher, je eher sie besteht, wieder ein Grundvertrauen in die Krankenkasse als Arbeitgeberin. Zudem erleichtern klare Kompetenzen und transparente Strukturen die Lernbereitschaft der Mitarbeiterschaft.

Im dritten und letzten Schritt erfolgt laut Lewin eine Verfestigung der noch jungen Entwicklungsergebnisse. Dabei sollen stabilisierende Maßnahmen Sorge dafür tragen, dass die Beteiligten nicht in alte Muster verfallen (Refreezing). Die moderne Krankenversicherung in Deutschland befindet sich stetig im Wandel.

---

[78] vgl. § 1 und § 220 SGB V

Zwar wird hierin nicht die Überalterung der Gesellschaft als primäre Ursache gesehen, da der Leistungsbezug für Alt und Jung gewährleistet wird, es ist aber unbestritten, dass gerade wegen der Überalterung immer mehr Menschen längere versicherungsrelevante Leistungen von den Krankenkassen erwarten können.[79] Eine neu gewonnene Organisation nach einer Fusion zu festigen, ist daher nur phasenweise möglich, da sich die Gesundheitspolitik stetig verändert und somit immer neuere Anforderungen an eine Kasse stellt. Wirtschaftlicher ist es deshalb, schon in der zweiten Stufe des Modells nach Lewin Strukturen zu finden, die beweglich und anpassungsfähig sind. Nur daher kann die Möglichkeit überhaupt greifen, eine so gewonnene Restrukturierung im dritten Schritt zu verfestigen.

4 Personalentwicklung

4.1 Grundlagen der Personalwirtschaftslehre

Arbeitskräfte adäquat in ein System zu integrieren, ist die wichtigste Herausforderung an die Personalwirtschaft. Der Mensch rückt ins Zentrum der Unternehmensorganisation.[80] Dabei unterliegen personale Ressourcen ebenso ökonomischen Prozessen, wie die sachlichen und finanziellen.[81] Gleichzeitig kann man insbesondere bei Krankenkassen eine Paradoxie beobachten. Obwohl gesetzliche Krankenversicherungen „.... keinen Gewinn erwirtschaften dürfen"[82], müssen sie sich dennoch erfolgsorientiert verhalten. Das GKV-System muss sich somit als ein Wirtschaftsgebilde begreifen, dass sich den Marktbedingungen anzupassen hat. Zielkonflikte zwischen Führung und Mitarbeiterschaft sind daher nicht auszuschließen. Um einen Interessenausgleich herbeizuführen, werden die Beschäftigten im öffentlichen Sektor verschiedenartig unterstützt. Neben den regelmäßigen Mitarbeitergesprächen sind es vor allem die Personalräte, die auf Grundlage der Bundes- oder Landespersonalvertretungsgesetze[83] wählbar sind.

---

[79] vgl. Wasem, J./Greß, S., Finanzierungsreform der Krankenversicherung aus familienpolitischer Sicht, in: Althammer, J. (Hg.), Familienpolitik und Soziale Sicherung, Berlin u. a. 2005, S. 189f.
[80] vgl. Kropp, W., Systemische Personalwirtschaft, 2. Aufl., München 2001, S. 85
[81] vgl. Hentze, J./Kammel, A., Personalwirtschaftslehre 1, 7., überarb. Aufl., Bern u. a. 2001, S. 3
[82] Schreyögg, J./Busse, R., Leistungsmanagement von Krankenversicherungen, in: Busse, R./ Schreyögg, J./Tiemann, O., Management im Gesundheitswesen, 2. Aufl., Berlin u. a. 2010, S. 22
[83] vgl. § 1ff. Bundespersonalvertretungsgesetz (BPersVG), u. a.

23

Diese üben ihr Mitsprache- und Mitbestimmungsrecht gegenüber der Unternehmensleitung im Namen der Kassenmitarbeiter aus. Dadurch sollen autoritäres Führungsverhalten, ungleiche Behandlungen, Überforderungen des Personals und inhumane Organisationen verhindert und gleichermaßen das demokratische Arbeitsklima gefördert werden. Die folgenden drei Abschnitte sollen hierzu zunächst die Grundlagen der Personalwirtschaft aufzeigen.

4.1.1 Begriff des Personals

Der Begriff *Personal*, der sich ableitet von *personal* (lat. personalis[84]), hat, etymologisch betrachtet, seine sprachlichen Wurzeln im 18. Jahrhundert[85] und bedeutet „zusammengehörige Personen gleicher Stellung"[86]. Die Identifikation mit den eigenen Fähigkeiten und die Agglomeration vieler Arbeiter aus ähnlichen Gesellschaftsschichten führten damals zu einem Selbstverständnis, das bis in unsere Zeit wirkt.

> „Mit Personal werden die in jeder Art von Organisationen in abhängiger Stellung arbeitenden Menschen bezeichnet, die innerhalb einer institutionell abgesicherten Ordnung eine Arbeitsleistung gegen Entgelt erbringen."[87]

Jung wird noch konkreter, indem er zum einen die Führungskräfte ausdrücklich als Teil des Personals bezeichnet und zum anderen das Gesamtpersonal als faktoriell, zielstrebig, koaliert, problem- und lösungsorientiert sowie kostenhervorrufend charakterisiert.[88]

4.1.2 Aufgaben und Ziele der Personalwirtschaft

Zu den wesentlichen Aufgaben zählen in der Personalarbeit die Planung, die Entwicklung, die Führung und das Controlling.[89] Alle Bereiche sind sowohl

---

[84] vgl. Köbler, G., Etymologisches Rechtswörterbuch, Tübingen 1995, S. 301
[85] vgl. ebenda
[86] Köbler, G., Etymologisches Rechtswörterbuch, Tübingen 1995, S. 301
[87] Oechsler, W. A., Personal und Arbeit, 8. Auflage, München 2006, S. 1
[88] vgl. Jung, H., Personalwirtschaft, 9. Auflage, München 2011, S. 9
[89] vgl. Böck, R., Personalmanagement, München u. a. 2002, S. 7, Abb. 1-4

Voraussetzungen für einen erfolgreichen Betriebsstart, als auch Merkmale laufender Geschäftsprozesse und fusionsbedingter Restrukturierungsmaßnahmen.

Während sich die Personalplanung auf Fragen der Beschaffung, dem Einsatz und der Freisetzung von Beschäftigten konzentriert, überblickt die Personalentwicklung, die in Abschnitt 4.2 noch vertieft wird, den gesamten Mitarbeiterstamm und passt diesen durch entsprechende Bildungsmaßnahmen den zukünftigen Erfordernissen an.[90]

Nicht unerheblich ist eine qualitative Personalführung. Sowohl die Unternehmensleitung als auch die Mitarbeiterschaft profitieren von kompetenten Führungspersönlichkeiten, die sich auf (komplizierte) Organisationsstrukturen und individuelle Charaktere einstellen können.

Betriebswirtschaftlich relevant ist auch die modernere Disziplin des Personalcontrollings. Sie beschäftigt sich vordergründig mit der Ermittlung und Verarbeitung von Personalkennzahlen, informiert die zuständigen Führungsebenen und entwickelt Entscheidungshilfen.[91]

Personalwirtschaftliche Ziele befinden sich aufgrund gesellschaftlicher Veränderungen kontinuierlich im Wandel und lassen sich von den beschriebenen Aufgaben ableiten. Ökonomisch verfolgt die Unternehmung das Minimalprinzip. Hierbei soll ein determiniertes Betriebsziel mit möglichst wenigen Produktionsmitteln realisiert werden.[92] Der Mensch als personaler Faktor wird nach diesem Grundsatz in seinem Geschäftsbereich so eingesetzt, dass er ökonomischen Nutzen für die Unternehmung bringt. Seine Arbeitskraft soll aber auch freigesetzt werden können, wenn sie an anderer Stelle mehr betriebswirtschaftlichen Ertrag verspricht. Daneben werden zudem soziale Intentionen, wie z. B. angemessene Löhne und Gehälter, die Verbesserung des Betriebsklimas und flexible Arbeitszeitmodelle, verfolgt.[93]

---

[90] vgl. Böck, R., Personalmanagement, München u. a. 2002, S. 7, Abb. 1-4
[91] vgl. Holtbrügge, D., Personalmanagement, 3. Aufl., Berlin u. a. 2007, S. 242
[92] vgl. Stopp, U., Betriebliche Personalwirtschaft, Zeitgemäße Personalwirtschaft - Notwendigkeit für jedes Unternehmen, 27. Aufl., Renningen 2006, S. 18f.
[93] vgl. ebenda, S. 19

4.1.3 Strukturen der Personalwirtschaft

Die unterschiedliche Größe von Unternehmen individualisiert die Organisationen im Personalwesen.[94] Großunternehmungen, wie eine fusionierte Krankenkasse mit ihren zahlreichen Geschäftsstellen, haben Personalabteilungen geschaffen, die eine Unternehmensleitung entlasten. Nach Bühner erfahren dabei Aufgabenanalyse, Aufgabensynthese und Stellenbildung aus personalwirtschaftlicher Sicht eine prozessuale Strukturierung.[95] Ähnlich wie bei der Kassenunternehmung selbst, gibt es unterschiedliche Ausprägungen, die Personalabteilung einer GKV aufbauorganisatorisch zu strukturieren.

Die ursprünglichste Organisationsform ist das (Ein-)Linien-System[96] und wurde erstmals beschrieben von *Henri Fayol*[97]. Er skizzierte darin, dass jede untergeordnete Stelle nur einer einzigen übergeordneten Leitung verpflichtet ist.[98] Vorteilhaft sind dabei gute Kontrollmöglichkeiten, personale Entscheidungsmacht und fehlendes Kompetenzgerangel, während sich nachteilig die langen Kommunikationswege, "Betriebsblindheit" der Führungsebene und deren Arbeitsüberlastung zeigen.[99]

Das Stab-Linien-System[100] ergänzt das bereits bekannte Linien-System durch Stäbe. Diese übernehmen zwar Hilfsfunktionen, tragen zur Entlastung der Führungsebene bei und lassen besseren Informationsfluss zu, sie können jedoch auch machtvollen Einfluss auf die Personalleitung ausüben und so durch wachsendes Misstrauen eine Entwicklungsstagnation in der Unternehmung herbeiführen.[101]

Ein weiteres Beispiel von vielen Ausprägungen stellt das Matrix-System[102] dar.

---

[94] vgl. Böck, R., Personalmanagement, München u. a. 2002, S. 36
[95] vgl. Bühner, R., Personalmanagement, Landsberg/Lech 1994, S. 417
[96] vgl. Böck, R., Personalwirtschaft, 3. Aufl., Karlsruhe 2006, S. 8, Abb. unten
[97] Henri Fayol (1841-1925) war ein berühmter Theoretiker der Managements- und Organisationslehre, vgl. Drescher, W. (Hg.), Die bedeutendsten Management-Vordenker, Band 3, Frankfurt am Main 2005, S. 53ff.
[98] vgl. Scherm, E./Pietsch, G., Organisation, München 2007, S. 168
[99] vgl. Böck, R., Personalwirtschaft, 3. Aufl., Karlsruhe 2006, S. 9
[100] vgl. ebenda, Abb. unten
[101] vgl. ebenda, S. 9f.
[102] vgl. ebenda, S. 10, Abb. unten

Es gehört zu den „... Mehrlinienorganisationen mit gleichzeitiger Verrichtungs- und Objektorientierung"[103]. Vorteile sind hierbei fachliche Spezialisierung, Kommunikationsgewinn und flexible Entscheidungswege, während sich Nachteile in undurchsichtigen Zuständigkeiten, fortwährenden Zwischenlösungen und kleinsten Kompromissen finden lassen.[104]

All diese beispielhaften Modelle lassen sich nochmals gliedern. Jung nennt hierbei eine Aufteilung in funktionsorientierte (zielführend, zentralisiert oder chronologisch), objektorientierte (z. B. Differenzierung nach Berufsgruppen) sowie gemischte Personalorganisationen.[105]

4.2 Personalentwicklung nach einer Krankenkassenfusion

Die Fusion von mehreren Krankenkassen zu einem Gesamtunternehmen versetzt die Mitarbeiterschaft sprichwörtlich in "Schwingungen". Unsicherheiten über den eigenen Arbeitsplatz aufgrund Über- oder Unterqualifikation, ein gefordertes Maximum an Flexibilität und Mobilität, eine mögliche Zusammenlegung gleicher Abteilungen zu einer Zentrale und geplante Schließungen von Geschäftsstellen schüren Ängste unter der zusammengewachsenen Belegschaft. Der designierte Vorstand wird im Vorfeld der Fusion mit allen amtsausscheidenden Vorständen der sich zusammenschließenden Krankenkassen vornehmlich in einen Kooperationsprozess übergehen und Synergieeffekte zwischen den Partnern suchen. Eine gemeinsame Struktur bildet sich jedoch nicht vor, sondern nach der Kassenverschmelzung.

4.2.1 Begriff der Personalentwicklung

Resultierend aus der Annahme, dass ein Zusammenschluss nicht automatisch zu einer internen Unternehmensunion führt, ergeben sich die offensichtlichen

---

[103] Domschke, W./Scholl, A., Grundlagen der Betriebswirtschaftslehre, 3. Aufl., Berlin u. a. 2005, S. 359
[104] vgl. Böck, R., Personalwirtschaft, 3. Aufl., Karlsruhe 2006, S. 11
[105] vgl. Jung, H., Personalwirtschaft, 9. Auflage, München 2011, S. 36ff.

Probleme im Personalmanagement der neu entstandenen gesetzlichen Krankenkasse und deren Entwicklung. Die folgende Begriffsdefinition folgt dieser Argumentation und schafft Grundsätze, auf die eine personalpolitische Umstrukturierung fußt.

> „Personalentwicklung ist der Prozess der Förderung, Bildung und Unterstützung der Mitarbeiterinnen und Mitarbeiter zur Erreichung der Organisationsziele. Sie setzt in der Phase der ersten Kontaktaufnahme im Rekrutierungsprozess ein und endet erst mit dem Ausscheiden des Individuums aus der Organisation."[106]

Personalentwicklung soll ebenso die mentale Belastbarkeit der gesamten Mitarbeiterschaft stärken.[107] Das Bestreben der Fusionskasse als Arbeitgeberin muss daher sein, das Personal für den Entwicklungsprozess zu sensibilisieren. Es gilt, Demotivation und Ablehnung von veränderlichen Prozessen zu verhindern und den Umdenkungsprozess in der gesamten Kassenunternehmung zu fördern.

4.2.2 Einflüsse, Aufgaben und Methoden der Personalentwicklung

Die Wirtschaftsliteratur führt verschiedene Faktoren an, die den Fortgang der personalen Entwicklung beeinflussen können. Neben den *strategischen* Aspekten (z. B. Kassenfusion als Reaktion auf veränderte Marktbedingungen und gesetzliche Vorgaben), kommen u. a. auch *strukturelle* Veränderungen (z. B. mittelgroße Krankenkassen vereinigen sich) sowie *technische* Inkompatibilität (z. B. Zusammenführung unterschiedliche Datenverarbeitungssysteme) in Frage.[108]

Betrachtet man eine Krankenkassenfusion näher, dann "kollidieren" mindestens zwei geschlossene Systeme miteinander, die zuvor eigenständig ihre öffentlich-rechtlichen Aufgaben wahrgenommen haben. Gleichzeitig bedeutet der Zusammenschluss eine Intervention auf die bestehende Beschäftigtenanzahl.

---

[106] Krämer, M., Grundlagen und Praxis der Personalentwicklung, 2., durchg. u. erg. Aufl., Göttingen 2012, S. 15
[107] vgl. Kropp, W., Systemische Personalwirtschaft, 2., uwstl. veränd. Aufl., München 2001, S. 262
[108] vgl. Wegerich, C., Strategische Personalentwicklung in der Praxis, 1. Aufl., Weinheim 2007, S. 35, Abb. 3.1

Dabei erscheinen Pressemitteilungen, wie diese: „Es wird keinen fusions-bedingten Stellenabbau geben"[109], eher als Automatismus, denn als Ergebnis betriebswirtschaftlicher Auswertung. Grundsätzlich aber haben solche Aussagen zunächst Signalwirkung für das bestehende Personal: Der Arbeitsplatz ist (vorerst) sicher. Nachdem also die Unsicherheiten über die eigene Anstellung vorübergehen, könnte sich in der Wahrnehmung nunmehr folgendes Denkmuster einstellen: Es bleibt alles so, wie es vorher war. Die Praxis wäre doch sehr ernüchternd, wenn die Belegschaft dieser fahrlässigen Einschätzung folgen würde.

Tatsächlich beinhaltet die fusionsbedingte Personalentwicklung jedoch wesentliche Anforderungen an die Krankenkasse, wie Tabelle 2 zeigt.

Tab. 2: Aufgaben der Personalentwicklung einer Krankenkasse

Aufgabenbegriff	Aufgabeninhalt
a) Zielsetzung	Analyse und Festlegung der Ent-wicklungsziele vor und nach einer Kassenfusion, ...
b) Bedarfsermittlung	Prüfung der Stellenbeschrei-bungen/Qualifikationen, ist Belegschaft veränderungswillig und entwicklungsfähig?, ...
c) Bedarfsdeckung	Qualifizierungsmaßnahmen durch Bildungsangebot nötig?, sind Kosten für Fortbildung eingeplant?, ...
d) Kontrolle	Arbeitsplatzkontrolle, besteht gutes Betriebsklima?, ...

Quelle: Eigene Darstellung, nach: Jung, H., Personalwirtschaft, 9. Auflage, München 2011, S. 256ff

Sich ziellos, über- oder unterbesetzt, unqualifiziert und demotiviert durch den personalwirtschaftlichen Wandlungsprozess der neuen Versicherung zu bewegen, ist kontraproduktiv. Krämer argumentiert hierzu, dass die Verantwortlichen der Unternehmung Überzeugungsarbeit leisten müssen, indem sie attraktive Zielsetzungen für den Betrieb und seine Mitarbeiterschaft erarbeiten und somit einen von allen Seiten gewollten Neustart fokussieren. [110] Die Personalstruktur einer gesetzlichen Krankenkasse ist, wie in allen

---

[109] Preißler, S., Hamburger Abendblatt, DAK UND BKK GESUNDHEIT, Krankenkassen stärken sich durch Fusion, Hamburg 2011, URL: http://www.abendblatt.de/wirtschaft/article2056632/Krankenkassen-staerken-sich-durch-Fusion.html, zit. n. Bodanowitz, J., Stand: 01.06.2012

[110] vgl. Krämer, M., Grundlagen und Praxis der Personalentwicklung, 2., durchg. u. erg. Aufl., Göttingen 2012, S. 95

Betriebsorganisationen, der Motor, der zu einer unternehmerischen Handlung motiviert. Die Wirtschaftswissenschaft beschreibt hierzu polymorphe personale Entwicklungskonzepte, wie Tabelle 3 zeigt.

Tab. 3: Methoden der Personalentwicklung einer Krankenkasse

Konzepte	Kurzerklärung
a) „into the job"	Ausbildung zum Sozialver-sicherungsfachangestellten / Angestellter für Bürokommunikation, ...
b) „on the job"	Unterweisung am Arbeitsplatz im Kunden- oder Fachbereich einer Kasse, "Quereinsteiger, ...
c) „off the job"	interne / externe Bildungs-maßnahmen (z. B. Aufstiegskurse zum Krankenkassenbetriebswirt), ...
d) „near the job"	Qualitätszirkel (z. B. Pilotprojekt bei Einführung neuer Vertriebskonzepte in der Mitgliedergewinnung), ...
e) „out of the job"	Arbeitsplatzwechsel (z. B. vom Kundenbereich ins Justiziariat der Kassenverwaltung), Vorbereitung des Renten- oder Pensionseintritts, ...

Quelle: Eigene Darstellung, nach: Berndt, R./Fantapié Altobelli, C./Sander, M., Internationales Marketing-Management, 3., überarb. und erw. Aufl., Berlin u. a. 2005, S. 349ff.

Die gesetzlichen Krankenversicherungen bieten in betriebsinternen Lehranstalten, wie z. B. in der Akademie der Innungskrankenkasse (IKK)[111], neben der klassischen *Ausbildung* auch *Weiterbildungen* in den Bereichen Fallmanagement und Sozialer Dienst, Workshops, u. s. w. sowie *Fortbildungen* zum Krankenkassenfachwirt, zum Bachelor of Arts Gesundheitswirtschaft, u. s. w. an.[112]

Alle Methoden der Personalentwicklung sind mehr oder weniger zeit- und kostenintensiv. Vor allem nachträgliche Bildungsmaßnahmen beanspruchen das Haushaltsbudget und müssen daher wirkungsvoll und vorausschauend eingesetzt werden.[113] Problematisch wird es, wenn Personalentwicklung ausschließlich mit Bildungsangebot gleichgesetzt wird. Einerseits könnte die

---

[111] vgl. IKK classic, IKK Akademie, Hagen o. J., URL: http://www.ikk-akademie.de/ Bildungskonzept.90.0.html, Stand: 01.06.2012
[112] vgl. ebenda
[113] vgl. Fredersdorf, F./Glasmacher, B., Etappe 6: Weiterbildungsmanagement, in: Meifert, M. T. (Hg.), Strategisches Personalmanagement: ein Programm in acht Etappen, 2., überarb. u. akt. Aufl., Berlin u. a. 2010, S 248

Leitungsebene der gesetzlichen Krankenversicherung damit ihre eigene Führungsverantwortung als erfüllt ansehen. Die Beschäftigten würden dann die personale Entwicklung der Fusionskasse als ein Konstrukt erleben, dass allein durch Bildungsoffensive bewältigt werden kann. Andererseits könnten sich nicht wenige Mitarbeiter selbst für jedwede Schulung interessieren und damit ihre Belastungsgrenzen überschreiten. In solchen Fällen "irren" sie ziellos durch die fusionierte Versicherung und zeigen Merkmale großer Unsicherheit.[114] Dabei erleben sie Angst, von dem Kassenzusammenschluss "überrollt" zu werden und versuchen dies durch fortwährende Bildung zu kompensieren.

Der Personalentwicklung einer gesetzlichen Krankenkasse fällt demnach die Aufgabe zu, einerseits kompetente Personalführungskonzepte zu erarbeiten und andererseits die Mitarbeiter informativ und zukunftsträchtig auf die fusionsbedingten Änderungen einzustimmen.

4.2.3 Dualistische Personalarten und Ziele der Personalentwicklung

Zusammenschlüsse verschiedener gesetzlicher Krankenkassen führen gleichzeitig zu einer Inkorporation jeweilig vorhandener Personalarten[115] im öffentlichen Dienst. Die Tarifangestellten bilden die Mehrzahl der Belegschaft, während ihnen eine nicht unerhebliche Zahl an Dienstordnungsangestellten gegenübersteht.[116]

Tab. 4: Personal der Krankenkassen

Dienstverhältnis	Jahr (aufsteigend) / Wert in Tausend				
	1993	1995	2000	2005	2010
Dienstordnungsangestellte	21	20	15	12	10
Tarifangestellte	122	125	129	121	116

Quelle: modifiziert nach: Statistisches Bundesamt, Zweigstelle Bonn, Gesundheitsberichterstattung des Bundes, URL: http://www.gbe-bund .de/oowa921-install/servlet/oowa/aw92/dboowasys921.xwdevkit/xwd _init?gbe.isgbetol/xs_start_neu/&p_aid=3&p_aid=11478846& nummer=264&p_sprache=D&p_indsp=-&p_aid=71253435, zit. n. Busch, Klaus, Bundesministerium für Gesundheit, KG 1-Statistik, Bonn 2011, Stand: 10.06.2012

---

[114] vgl. Krämer, M., Grundlagen und Praxis der Personalentwicklung, 2., durchg. u. erg. Aufl., Göttingen 2012, S. 95

[115] Dieser Abschnitt beschäftigt sich dabei ausschließlich mit den Dienstordnungs- sowie den Tarif-angestellten, wissentlich, dass es noch weitere Personengruppen im GKV-System gibt.

[116] vgl. Wannagat, G., Lehrbuch des Sozialversicherungsrechts, I. Band, Tübingen 1965, S. 209

In allen Teilen Deutschlands ist die Anzahl der Dienstordnungsangestellten aufgrund des Verbots neuer Vertragsabschlüsse ab 1993[117] rückläufig, wie aus der verkürzten Statistik in Tabelle 4 entnommen werden kann. Danach existierten im Direktvergleich im Jahr 2010 nur noch etwa halb so viele wie im Jahr 1993. Obwohl Dienstordnungs- und Tarifangestellte der Krankenkassen inhaltlich gleiche Arbeit verrichten, gibt es doch wesentliche Unterschiede zwischen den Beschäftigungsgruppen (u. a. bei Lohn und Gehalt und bei Fragen des Kündigungsschutzes). Diese begründen sich aus den abweichenden Gesetzmäßigkeiten.

Die Belange der Dienstordnungsangestellten richten sich nach den Bestimmungen der Reichsversicherungsordnung (RVO)[118], wonach sie einem beamtenähnlichen Status unterliegen. Ihre Besoldung ist entsprechend der RVO (in Verbindung mit den Beamtengesetzen des Bundes und der Länder[119]) bemessen. Zudem genießen Dienstordnungsangestellte einen ausgeprägten Kündigungsschutz bis hin zur Anstellung auf Lebenszeit.[120]

Tarifangestellte der GKV unterliegen mehrfachen Unterscheidungskriterien. Ihr Lohn und Gehalt bemisst sich nach den jeweilig geltenden Tarifverträgen. Es sind dabei teilweise erhebliche Fluktuationen im Einkommen zu beobachten (z. B. durch abweichende Eingruppierungsrichtlinien). Auch der Kündigungsschutz ist tarifvertraglich individuell gestaltet. Allgemein bekannt ist der Passus der Unkündbarkeit aus dem Tarifvertrag für den öffentlichen Dienst (TVöD)[121] und dem Tarifvertrag für den öffentlichen Dienst der Länder (TV-L)[122], der sich jedoch nur auf die Arbeitnehmer bezieht, bei denen der Beschäftigungsort zum Tarifgebiet West gehört. Die gesetzlichen Krankenkassen haben größtenteils eigene Tarifverträge, die sich an die vorgenannten Bundes- und Länderverträge anlehnen.

---

[117] vgl. § 358 RVO
[118] vgl. §§ 349ff. RVO
[119] vgl. Wichmann, M./Langer, K.-U., Öffentliches Dienstrecht, 6. Aufl., Stuttgart 2007, S. 648
[120] vgl. § 354 RVO
[121] vgl. § 34 TVöD
[122] vgl. § 34 TV-L

Wenn nicht schon zuvor in der Partnerkasse vorhanden, so kommt es spätestens bei einer Fusion gesetzlicher Krankenversicherungen zu einer Zusammenführung der beiden genannten Personalarten. Die neu entstandene Kasse fungiert dabei als Rechtsnachfolgerin.

Nachstehend findet sich eine Auswahl an drei Kriterien, die für eine Vielzahl von möglichen Problemen dualistischer Personalarten bei der Organisations- und Personalentwicklung stehen.

- *Rückstellungsbildung bei Dienstordnungsangestellten*
  Sofern ein Fusionspartner verhältnismäßig wenige Dienstordnungs-angestellte in die neue Krankenkasse überführt, wächst ihr Gesamtanteil merklich durch die Menge, die der andere Fusionspartner einbringt. Das bedeutet u. a., dass die neue Kasse deutlich mehr Pensions-rückstellungen [123] zu gewährleisten hat und der Haushalt der verschmolzenen Unternehmung dadurch stärker belastet wird. Die geplanten Rückstellungen gefährden damit die Investitionsbereitschaft der gesetzlichen Versicherung, was sich negativ auf die Organisations- und Personalentwicklung auswirken kann. Gleichermaßen schaffen sie aus Sicht der Dienstordnungsangestellten Rechtssicherheit.

- *Unterschiedliche Tarifverträge bei Tarifangestellten*
  Bei den Tarifangestellten unterscheidet sich ihre Quantität durch differenzierte Tarifverträge, die einen teilweise konträren "Tarif-Dschungel" verursachen. Zudem führen unterschiedlich positive oder negative Vertragsgegenstände eher zu einer Demotivation der Beschäftigten, wenn für die gleiche Arbeit an separaten Standorten unterschiedliche Vergütungsstrukturen vorgesehen sind (z. B. uneinheitliche Eingruppierungsrichtlinien). Andererseits kann es die Fusionskasse dazu veranlassen, in einem zukünftigen gemeinschaftlichen Tarifvertrag Regelungen zu finden, die der Wirtschaftlichkeit der gesetzlichen Krankenversicherung besser dienen (z. B. Anpassung von Lohn und Gehalt).

---

[123] vgl. Bundesgesetzblatt Jahrgang 2008 Teil I Nr. 58, GKV-OrgWG, Bonn 2008, S. 2431ff.

- *Vor- und Nachteile der Stellenbildung in Fusionskassen*

Bei der fusionsbedingten Stellenbildung aus organisatorischer Sicht gelangen sowohl Dienstordnungsangestellte als auch Tarifangestellte, die beide den angesprochenen besonderen Kündigungsschutz erfahren, zu einer Bevorteilung, da ihre erreichte Besoldung, respektive Vergütung, bestimmte Tätigkeitsmerkmale voraussetzt. Sie begleiten möglicherweise auch zukünftig gehobene Posten in der Fusionskasse. Es besteht somit die Gefahr einer Neuorganisation mit altem Muster. Die personale Entwicklung kann dadurch gehemmt werden. Einerseits könnten sich diese Personalgruppen "auf sicherem Posten" wähnen, so dass ihr Bedürfnis nach zusätzlicher Bildung sinkt. Andererseits könnten Angestellte, die (noch) nicht dem besonderen Kündigungsschutz unterliegen, realisieren, dass ihnen der Zugang zu Fort- und Weiterbildungsmaßnahmen zwecks Erreichung gehobener Stellen keine zeitnahen Perspektiven bringt. In beiden Fällen behindert die Demotivation die Kassenentwicklung, wodurch ein Qualitätsverlust in der Arbeit riskiert wird.

Lösung muss es also sein, völlig neue Personalentwicklungskonzepte zu erarbeiten, die eine Chancengleichheit aller Beschäftigten fördert. Impulsgeber sollten u. a. die Krankenkassenvorstände sein, die dem Nachwuchs in der eigenen Organisation Zukunftsperspektiven bieten wollen. Sie fördern damit eine der Zielerreichungsgrate der Fusionskasse. Denn gemeinhin strebt jede GKV als Arbeitgeberin nach einer qualifizierten, selbstständigen, belastbaren und lernfähigen Belegschaft, während sich ihre Arbeitnehmer personale Entfaltung innerhalb der Organisation, eine adäquate Auslastung statt Überlastung sowie mehr Flexibilität wünschen.[124] Und obwohl die personale Struktur ständigem Wandel unterworfen ist, müssen dabei Interimslösungen nicht immer zielkonträr sein. Jede Personalentwicklung soll nachhaltig sein, aber keinesfalls starr, sie soll die betriebswirtschaftlichen durch die personalwirtschaftlichen Ziele ergänzen und so zur kontinuierlichen Restrukturierung der Gesamtorganisation gesetzlicher Krankenkassen beitragen.[125]

---

[124] vgl. Jung, H., Personalwirtschaft, 9. Auflage, München 2011, S. 252
[125] vgl. Krämer, M., Grundlagen und Praxis der Personalentwicklung, 2., durchg. u. erg. Aufl., Göttingen 2012, S. 85

6 Schlussbemerkung

Die vorangegangen Abschnitte dieser Arbeit zeigten theoretische Ansätze zur Organisations- und Personalentwicklung gesetzlicher Krankenkassen. Deutlich wurde dabei, dass beide Maßnahmen voneinander abhängig sind.

Organisationen sind nicht als dogmatisch zu charakterisieren. Sie sind flexible Gebilde und von Veränderungen in der Umweltsphäre geprägt. „Ziel der Organisationsentwicklung ist es Produktivität und Menschlichkeit (Humanität) miteinander in Einklang zu bringen."[126] Dieser dauerhafte Prozess führt zur stetigen Verbesserung der Organisationsstrukturen. Je nachhaltiger die Krankenkassen diesem Leitmotiv folgen, desto leistungs- und somit zukunftsfähiger gestaltet sich ihre Marktchance.

Personalwirtschaft kann man daneben als ein weiteres Schwergewicht der gesamten Unternehmung begreifen. Ihre Entwicklung beeinflusst die Aufbau- und Ablauforganisation, das soziale Miteinander, den Umgang mit der Versichertengemeinschaft und letztlich das Wirtschaftsziel aller Krankenkassen.

Zu klären war die Frage, ob die beiden Komponenten fusionsbedingt zu einer Modernisierung der gesetzlichen Krankenversicherung führen können oder ob sich fragile "Verwaltungsungetüme" formieren, in denen motivationslose Mitarbeiter ausschließlich funktionieren.

Wie in der Einleitung zu dieser Arbeit bereits erwähnt, waren die eigens zu dieser Problematik befragten Krankenkassen anonymisiert oder gar nicht bereit für ein Resümee. Sofern eine Antwort erwartet werden konnte, waren sich die Vertreter zweier Krankenkassen einig, dass die Fusion für das Kassenunternehmen nach außen hin mehr Vor- als Nachteile hat. Allein die Marktkonzentration und der Machtgewinn wurden als wichtig erachtet, während die schwindende Individualität der Kassen durch Großfusionen als negativ bezeichnet wurde. Sobald sie aber Ausführungen zu Vor- und Nachteilen einer Fusion für das interne Kassenunternehmen machen sollten, waren die Antworten verhaltener. Einigkeit bestand bei beiden auskunftsbereiten Kassenvertretern darin, dass viele Fusionskassen zunächst unorganisiert ihren Weg suchen, was sich, ihrem Bedauern nach, auf mehrere Jahre ausdehnen kann. Zudem deuteten sie an, dass

---

[126] Jung, H., Allgemeine Betriebswirtschaftslehre, 10., überarb. Aufl., München u. a. 2006, S. 294

sich zwar Fusionspartner gefunden hätten, aber sich in der Mitarbeiterwahrnehmung oft eine Führungskasse nach dem Zusammenschluss herausbildet. Diese würde weniger eine Neustruktur suchen, sondern den anderen Fusionspartner mit eigener Unternehmensphilosophie ummanteln. Sofern daraus ein Dauerzustand erwächst, droht in der Tat eine demotivierte Haltung der Belegschaft, bei der das Personal nur noch den Dienst nach Vorschrift erledigt und somit ausschließlich funktioniert statt die Reorganisation mitgestaltet.

Gerade in dieser Arbeit konnte jedoch verdeutlicht werden, dass die sich zusammenschließenden Kassen im Direktvergleich oftmals inhomogene Züge aufweisen. Das heißt, jeder Fusionspartner hat eine eigene Aufbauorganisation, die nicht einfach übernommen werden kann. Eine weitere Problematik besteht darin, die historisch gewachsenen ablauforganisatorischen Kassenstrukturen zu analysieren und, sofern möglich und prozessdienlich, zu assimilieren. In ähnlicher Weise sollte die Fusionskasse mit den unterschiedlichen personalen Mentalitäten umgehen, diese respektieren und bei der Personalentwicklung beachten. Denn schon Geschwill erklärte in seiner Publikation "Fusionen erfolgreich gestalten", dass Zusammenschlüsse scheitern können, wenn der Personalentwicklung nicht ausreichend Beachtung zugedacht wird und dadurch die Unternehmensziele ins Wanken geraten.[127]

Es bleibt demnach festzuhalten, dass jede GKV nach einer Fusion Entwicklungschancen hat, eine daraus resultierende neue Kassenunternehmung im Inneren zu modernisieren. Der Begriff "Verwaltungsungetüm" rührt eher aus einer Angst heraus, dass sich drohend-insolvente Kassen entweder mit gleichen in Not geratenen oder solventen Partnerkrankenkassen zusammenschließen. Sie erhalten durch solche Ökonomieentscheidungen den Status einer Großkasse und gewinnen (wieder) an Bedeutung auf dem Versicherungsmarkt. Eine echte zukunftsträchtige Organisations- und Personalentwicklung stellt sich hier, wenn überhaupt, dann schleppend ein, da solche Fusionskassen die Schuldensituation der Partner auszugleichen haben. Der Fokus der Unternehmensentscheidungen liegt daher eher schwerpunktbezogen in der Haushaltskonsolidierung statt zusätzlich in der Investition in die interne Entwicklung.

---

[127] vgl. Krämer, M., Grundlagen und Praxis der Personalentwicklung, 2., durchg. u. erg. Aufl., Göttingen 2012, S. 16, zit. n. Geschwill, R., Fusionen erfolgreich gestalten, Heidelberg 2000

Hingegen taucht der Begriff "Verwaltungsungetüm" eher nicht auf, wenn mindestens zwei Krankenversicherungen mit wenigstens ausgeglichenem Haushalt fusionieren. Dennoch besteht auch hier die Gefahr, dass sich verkomplizierte Strukturen bilden, um es allen Fusionspartnern rechtzumachen.

Abschließend möchte diese Arbeit einen allgemeinen Ausblick auf die Zukunft des GKV-Systems der Bundesrepublik Deutschland bieten.

Großversicherer, wie z. B. die fusionierte Deutsche Angestellten Krankenkasse (DAK-Gesundheit) oder die Allgemeine Ortskrankenkasse (AOK) Baden-Württemberg, üben schon wegen ihrer bedeutsamen Mitgliederzahlen großen Einfluss auf die Vertragsverhandlungen [128] mit den ärztlichen Bundes-vereinigungen aus. In der Folge können sie beispielsweise über das Wahltarif-System ein breites Spektrum an Zusatzleistungen anbieten und so direkt in den Wettbewerb mit ihren Konkurrenten treten. [129] Gesetzliche Kranken-versicherungen, die eine schwache Position auf dem Versicherungsmarkt einnehmen, werden es zunehmend schwerer haben, mindestens gleiche Qualität und Quantität im Gesundheitsbereich anbieten zu können. Eine neuerliche Fusionswelle der "Kleinkassen und Schuldenkassen" mit finanzstarken Partnern scheint unausweichlich.

Ob das Ziel hingegen in der Installierung einer Einheitskrankenkasse als herrschendes Oligopol-Unternehmen zu sehen ist, [130] mag ernsthaft bezweifelt werden. Denn der Wettbewerb zwischen den gesetzlichen Krankenversicherern motiviert die Akteure zu mehr Ökonomie im Inneren und mehr Innovation nach Außen. Die Haushaltslage der Kassen, eine moderne Organisationsentwicklung, eine personalwirtschaftliche Nachwuchsförderung und die weitere Ausprägung der deutschen Gesundheitspolitik werden letztlich wichtige Indikatoren für den Fortbestand des polymeren Krankenkassensystems sein.

---

[128] vgl. Schreyögg, J./Busse, R., Leistungsmanagement von Krankenversicherungen, in: Busse, R./ Schreyögg, J./Tiemann, O., Management im Gesundheitswesen, 2. Aufl., Berlin u. a. 2010, S. 21
[129] vgl. Orlowski, U./Wasem, J., Gesundheitsreform 2007 (GKV-WSG), Heidelberg u. a. 2007, S. 6
[130] vgl. Rebscher, H., Gesundheitsfonds, in: Wagner, F. (Hg.), Gabler Versicherungslexikon, 1. Aufl., Wiesbaden 2011, S. 274

Literaturverzeichnis

Bücher und Aufsätze

Arnade, J., Kostendruck und Standard, Berlin u. a. 2010

Böck, R., Personalwirtschaft, 3. Aufl., Karlsruhe 2006

Böck, R., Personalmanagement, München u. a. 2002

Bornewasser, M., Organisationsdiagnostik und Organisationsentwicklung, Stuttgart 2009

Bühner, R., Personalmanagement, Landsberg/Lech 1994

Bundesrechnungshof, Bemerkungen 2011 zur Haushalts- und Wirtschaftsführung des Bundes, Bonn 2011

CDU/CSU/SPD, Gemeinsam für Deutschland – mit Mut und Menschlichkeit, Koalitionsvertrag, Berlin 2005

Domschke, W./Scholl, A., Grundlagen der Betriebswirtschaftslehre, 3. Aufl., Berlin u. a. 2005

Draemann, C., Weiterdenken – Die Zukunft der Direktkrankenkassen in Deutschland, in: Mühlbauer, B. H. u. a. (Hg.),

    Zukunftsperspektiven der Gesundheitswirtschaft, Berlin 2012

Drescher, W. (Hg.), Die bedeutendsten Management-Vordenker, Band 3, Frankfurt am Main 2005

Duden Band 5, Das Fremdwörterbuch, 3., völlig neu bearb. u. erw. Aufl., Mannheim u. a. 1974

Farny, D., Versicherungsbetriebslehre, 5., überarb. Aufl., Karlsruhe 2011

Fiedler, R., Organisation kompakt, 2., akt. u. verb. Aufl., München 2010

Fredersdorf, F./Glasmacher, B., Etappe 6: Weiterbildungsmanagement, in: Meifert, M. T. (Hg.), Strategisches

    Personalmanagement: ein Programm in acht Etappen, 2., überarb. u. akt. Aufl., Berlin u. a. 2010

Gerlinger, T., Gesundheitspolitik und Parteienwettbewerb: Konzeption zur Finanzierung der gesetzlichen

    Krankenversicherung, in: Schieren, S. (Hg.), Gesundheitspolitik, Schwalbach im Taunus 2011

Grochla, E. (Hg.), Unternehmensorganisation (Reader + Abstracts), Hamburg 1972

Hentze, J./Kammel, A., Personalwirtschaftslehre 1, 7., überarb. Aufl., Bern u. a. 2001

Hinrichs, U./Nowak, D., Auf dem Rücken der Patienten: Selbstbedienungsladen Gesundheitssystem, 1. Aufl.,

    Berlin 2005, zit. n. Seehofer, H.

Holtbrügge, D., Personalmanagement, 3. Aufl., Berlin u. a. 2007

Hüttner, M./Heuer, K. R., Betriebswirtschaftslehre, 3. Aufl., München 2004, (nach OECHSLER 2000)

Jung, H., Allgemeine Betriebswirtschaftslehre, 10., überarb. Aufl., München u. a. 2007

Jung, H., Allgemeine Betriebswirtschaftslehre, 10., überarb. Aufl., München u. a. 2007, zit. n. Nagel, K, Die sechs

    Erfolgsfaktoren des Unternehmens, 4., überarb. u. erw. Aufl., Landsberg/Lech 1991

Jung, H., Personalwirtschaft, 9. Aufl., München 2011

Kerzner, H., Projektmanagement, 2. dt. Auflage, Heidelberg 2008

Kirchler, E. (Hg.), Arbeits- und Organisationspsychologie, 2., korr. Aufl., Wien 2008

Köbler, G., Etymologisches Rechtswörterbuch, Tübingen 1995

Krämer, M., Grundlagen und Praxis der Personalentwicklung, 2., durchg. u. erg. Aufl., Göttingen 2012

Kropp, W., Systemische Personalwirtschaft, 2. Aufl., München 2001

Laux, H./Liermann, F., Grundlagen der Organisation, 6. Aufl., Berlin 2005

Messi, N./Pifko, C., Personalarbeit im Unternehmen, 4., überarb. Aufl., Zürich 2010

Müller, J. U., Gesunde Solidarität, solidarische Gesundheit: die Innungskrankenkassen gestern und heute,

    Bergisch-Gladbach 2007

Nerdinger, F. W./Blickle, G./Schaper, N., Arbeits- und Organisationspsychologie, 2. Aufl., Berlin u. a. 2011

Oechsler, W. A., Personal und Arbeit, 8. Aufl., München 2011

Orlowski, U./Wasem, J., Gesundheitsreform 2007 (GKV-WSG), Heidelberg u. a. 2007

Pilz, F./Ortwein, H., Das politische System Deutschlands, 4., vollst. überarb. Aufl., München 2008

Porter, M. E./Guth, C., Chancen für das deutsche Gesundheitssystem, Berlin u. a. 2012

Potratz, A./Zerres, M., Kundenmanagement in Krankenkassen, in: Busse, R./Schreyögg, J./Tiemann, O., Management im

    Gesundheitswesen, 2. Aufl., Berlin u. a. 2010

Rebscher, H., Gesundheitsfonds, in: Wagner, F. (Hg.), Gabler Versicherungslexikon, 1. Aufl., Wiesbaden 2011

Rosenbaum, M., Studienliteratur Geprüfter Versicherungsfachwirt (IHK), Geprüfte Versicherungsfachwirtin (IHK),

    3. Aufl., Karlsruhe 2006

Rosenthal, T./Wagner, E., Organisationsentwicklung und Projektmanagement im Gesundheitswesen, Heidelberg 2004

Scherm, E./Pietsch, G., Organisation, München 2007

Schreyögg, J./Busse, R., Leistungsmanagement von Krankenversicherungen, in: Busse, R./Schreyögg, J./Tiemann, O.,

    Management im Gesundheitswesen, 2. Aufl., Berlin u. a. 2010

Sjurtis, I. (Hg.), Gabler Lexikon Medienwirtschaft, 2., akt. u. erw. Aufl., Wiesbaden 2011

Stopp, U., Betriebliche Personalwirtschaft, Zeitgemäße Personalwirtschaft – Notwendigkeit für jedes Unternehmen,

    27. Aufl., Renningen 2006

Suckow, H./Weidemann, H., Allgemeines Verwaltungsrecht und Verwaltungsrechtschutz, 15., überarb. Aufl.,

    Stuttgart 2008

Visarius, J./Lehr, A., Krankenhauspolitische Chronik, in: Klauber, J. u. a. (Hg.), Krankenhaus-Report 2010, Stuttgart 2010

Wannagat, G., Lehrbuch des Sozialversicherungsrechts, I. Band, Tübingen 1965

Wasem, J./Greß, S., Finanzierungsreform der Krankenversicherung aus familienpolitischer Sicht, in: Althammer, J. (Hg.),

    Familienpolitik und Soziale Sicherung, Berlin u. a. 2005

Wegerich, C., Strategische Personalentwicklung in der Praxis, 1. Aufl., Weinheim 2007

Wichmann, M./Langer, K.-U., Öffentliches Dienstrecht, 6. Aufl., Stuttgart 2007

Witte, H., Allgemeine Betriebswirtschaftslehre, 2., völlig überarb. Aufl., München u. a. 2007

Gesetzestexte

Bundesgesetzblätter

Jahrgang 1988 Teil I Nr. 62, GRG, Bonn 1988

Jahrgang 1990 Teil II Nr. 20, Vertrag über die Schaffung einer Währungs-, Wirtschafts- und Sozialunion zwischen der

    Bundesrepublik Deutschland und der Deutschen Demokratischen Republik (Staatsvertrag), Bonn 1990

Jahrgang 1992 Teil I Nr. 59, GSG, Bonn 1992

Jahrgang 1999 Teil I Nr. 59, GKVRefG, 2000, Bonn 1999

Jahrgang 2003 Teil I Nr. 55, GMG, Bonn, 2003

Jahrgang 2007 Teil I Nr. 11, GKV-WSG, Bonn 2007

Jahrgang 2008 Teil I Nr. 58, GKV-OrgWG, Bonn 2008

Weitere verwendete Gesetzestexte

Bundespersonalvertretungsgesetz (BPersVG), Bund-Verlag, 2., akt. Aufl., Frankfurt am Main 2009

Reichsversicherungsordnung (RVO), BmJ, Bonn 2009, URL: http://www.gesetze-im-internet.de/bundesrecht

    /rvo/gesamt.pdf, Stand: 29.05.2012

Sozialgesetzbuch 5. Buch (SGB V), Beck-Texte im dtv, 41. Aufl., München 2012

Tarifvertrag für den öffentlichen Dienst (TVöD), Rehm-Verlag, 11. Aufl., Heidelberg u. a. 2012

Tarifvertrag für den öffentlichen Dienst der Länder (TV-L), Rehm-Verlag, 3. Aufl., Heidelberg u. a. 2011

Internetquellen

Bundesministerium für Gesundheit, Bedeutung der Gesundheitswirtschaft, Berlin 2012, URL: http://www.bmg.bund.de/

    gesundheitssystem/gesundheitswirtschaft/bedeutung-der-gesundheitswirtschaft.html, Stand: 22.05.2012

Freie Universität Berlin, Ehrenpromotion, Berlin o. J., URL: http://www.wiwiss.fu-berlin.de/fachbereich/ehrenpromotionen

    /grochla.html, Stand: 15.05.2012

Fricke, A., Kommentar: Ulla Schmid ist fast am Ziel, in: Ärzte Zeitung, Offenbach 2012, URL:

    http://www.aerztezeitung.de/politik_gesellschaft/krankenkassen/article/800614/

    kommentar-ulla-schmidt-fast-ziel.html, Stand: 22.05.2012

IKK classic, IKK Akademie, Hagen o. J., URL: http://www.ikk-akademie.de/Bildungskonzept.90.0.html,

    Stand: 01.06.2012

Preißler, S, Hamburger Abendblatt, DAK UND BKK GESUNDHEIT, Krankenkassen stärken sich durch Fusion, Hamburg

    2011, URL: http://www.abendblatt.de/wirtschaft/article2056632/Krankenkassen-staerken-sich-durch-

    Fusion.html, zit. n. Bodanowitz, J., Stand: 01.06.2012

Abbildungs- und Tabellenverzeichnis

Abbildungsverzeichnis

Tabellenverzeichnis